Carl Schroeder

Führer durch den Violoncell-Unterricht

Ein progressiv geordnetes Repertorium von ausgewählten Instructiven,

sowie Solo- und Ensemble-Werken für Violoncell als Wegweiser für Lehrer

und Schüler, Künstler und Dilettanten.

Carl Schroeder

Führer durch den Violoncell-Unterricht

*Ein progressiv geordnetes Repertorium von ausgewählten Instructiven, sowie Solo-
und Ensemble-Werken für Violoncell als Wegweiser für Lehrer und Schüler, Künstler
und Dilettanten.*

ISBN/EAN: 9783743638068

Hergestellt in Europa, USA, Kanada, Australien, Japan

Cover: Foto ©Paul-Georg Meister /pixelio.de

Weitere Bücher finden Sie auf **www.hansebooks.com**

Führer

durch den

Violoncell-Unterricht.

Ein progressiv geordnetes Repertorium

von ausgewählten

instructiven, sowie Solo- und Ensemble-Werken

für Violoncell

als Wegweiser für Lehrer und Schüler,
Künstler und Dilettanten.

Herausgegeben

von

Carl Schröder,

Lehrer am königl. Conservatorium der Musik zu Leipzig.

LEIPZIG.

Verlag von J. Schuberth & Co.

Vorwort.

Nachdem von der Verlagshandlung J. Schuberth & Co. bereits früher ein Führer durch den Klavierunterricht, und ein desgleichen durch den Violinunterricht mit bestem Erfolg herausgegeben ist, beauftragte mich dieselbe mit der Zusammenstellung eines Führers durch den Violoncellunterricht, welcher Aufgabe ich mich denn auch nach besten Kräften unterzogen habe, mit Rücksicht auf Künstler und Dilettanten, Lehrer und Schüler.

Auf eine weitläufige Kritik des vorliegenden Materials habe ich mich nicht eingelassen, sondern dasselbe nur stufenweise geordnet, wobei jedoch zu beachten ist, dass die Grenzen zwischen den verschiedenen Schwierigkeitsgraden nicht zu streng gezogen werden dürfen. Der Lehrer wird, je nach Begabung der Schüler, in einzelnen Fällen von der hier eingehaltenen Ordnung abweichen, im Grossen und Ganzen jedoch sich nach dieser Zusammenstellung richten können. Dieselbe besteht, wie schon der Titel sagt, nur in einer Auswahl von Violoncellwerken. Hiermit soll nun nicht gesagt sein, dass etwa alles, was nicht darin enthalten ist, werthlos und nicht zu verwenden wäre.

im Gegentheil, ich bin überzeugt, dass die Violoncell-Literatur noch Manches enthält, was ebenso berechtigt wäre zur Aufnahme in diesen Führer. Ich habe mich jedoch hauptsächlich nach dem mir speciell bekannteren Material gerichtet, wäre aber jedem sich für dieses Werk interessirenden Fachkundigen für etwaige Vorschläge und Verbesserungen sehr dankbar.

Leipzig, im September 1880.

Carl Schröder.

Vorwort zur neuen Auflage.

Durch die überaus freundliche Aufnahme, welche unserem „Führer durch den Violoncell-Unterricht" allseitig entgegengebracht wird, sehen wir uns veranlasst, eine zweite „vermehrte und verbesserte Ausgabe" des Werkes herauszugeben.

Wir waren bestrebt, sowohl dem Anfänger, wie auch dem musikverständigen Laien und ausübenden Künstler auf jeder Stufe nur das Beste der Cello-Litteratur in klarer, übersichtlicher Darstellung zu bieten.

Und so hoffen wir, dass auch diese neue Edition unseres Führers, gleich der Ersten, dieselbe liebenswürdige Aufnahme finden möge.

Leipzig, im Oktober 1889.

Schuberth & Co.

Inhalt.

I. Schulen, welche die ersten Anfangsgründe und von da weiter lehren.

Davidoff, Ch. Violoncellschule. *Peters.*

Dotzauer, J. J. F. Op. 126. Violoncellschule für den ersten Unterricht nebst 40 Uebungsstücken. Wien, *Haslinger.*

— Op. 155. Practische Violoncellschule. *Schuberth & Co.*
Heft 1: Der Schüler und der Lehrer. Elementarunterricht u. 18 progressive Uebungen. — Heft 2: 20 progressive Etuden und Tonleiterübungen in der 1. u. 2. Position, den gebräuchlichsten Stricharten und im Daumenaufsatz. — Heft 3: Zwölf Duetten der Verzierungen und des Vortrags im vorbereiteten und freien Aufsatz des Daumens. — Heft 4: 24 tägliche Studien in allen Tonarten und Positionen zur Gewinnung und Bewahrung der Virtuosität.

— Op. 165. Méthode du Vclle. Deutsch u. Franz. *Schott.*

Duport, Essai sur le Doigté du Vclle. et sur la Conduite de l'Archet. Anleitung zum Fingersatz auf dem Violoncell und zur Bogenführung. Deutsch u. Französisch. *André.*

Heberlein, Die ersten Violoncell-Uebungen. *Schuberth & Co.*

Henning, K. Op. 37. Kleine Violoncellschule. *Merseburger.*

Kummer, F. A. Op. 60. Violoncellschule für den ersten Unterricht nebst 101 zweckmässigen Uebungsstücken. *Hofmeister.*

Lee, S. Op. 30. Méthode pratique. *Schott.*

Roth, Ph. Op. 14. Violoncellschule. *Breitkopf & Härtel*

Schröder, Carl. Op. 34. Neue grosse theoretisch-practische Violoncellschule in 4 Abtheilungen. *Schuberth & Co.*
Abth. 1: Anfangsgründe und Bogenstrich-Uebungen. — Abth. 2: Uebungen in den unteren Lagen durch alle Tonarten. — Abth. 3: Der Daumenaufsatz nebst Uebungen. — Abth. 4: Etuden für Technik und verschiedene Stricharten.
Diese Schule ist vom Directorium des königl. Conservatoriums der Musik in Leipzig als Unterrichtswerk angenommen.

Schröder, Carl. Practischer Lehrgang nach Werken von Romberg, Duport etc. zusammengestellt. *Litolff.*

Stransky, Elementar-Schule. *Schlesinger.*
Tietz, H. Practischer Lehrgang für den ersten Unterricht (mit Hinweglassung des Daumenaufsatzes). Erläutert durch 280 folgerichtige und fortschreitende Uebungsstücke in allen Tonarten. Vier Hefte. *Bauer.*
Zimmer, Fr. Op. 20. **Theoretisch-practische Schule** für den ersten Unterricht. Quedlinburg, *Vieweg.*

2. Special-Schulen.

Dotzauer, J. J. F. Op. 147. **Violoncell-Flageoletschule.** *Hofmeister.* Ein Hülfsmittel zum Studium reiner Intonation nebst einem Anhang über das Pizzicato.
Marx-Markus, C. Die 24 diatonischen Tonleitern und Chromatik. *D. Rahter.*
Schröder, Carl. Op. 29. **Schule der Tonleiter und Accorde.** Hamburg, *Cranz.*
— Op. 39. **Schule des Trillers und Staccatos.** *Breitkopf & Härtel.*
Schröder, Alwin. **Tonleiter-Studien.** *Rühle. (Tonger.)*

3. Tägliche Uebungen.

Cossmann, B. Violoncellstudien. *Schott.*
Fitzenhagen, W. Op. 28. **Technische Studien.** *Breitkopf & Härtel.*
Grützmacher, Fr. Tägliche Uebungen. *Kahnt.*
Kummer, F. A. Op. 71. Tägliche Studien. *Hofmeister.*
Schröder, Carl. Op. 23. Tägliche Uebungen. *Cranz.*
— Op. 35. **Technische Studien.** *Schuberth & Co.*
Orchester-Studien. Sammlung der schwierigsten Stellen und Solis aus Opern, Symphonien und Ouverturen. 6 Hefte. *Schuberth & Co.*
Swert, J. de. Op. 34. **Exercices et Préludes** pour délier les doigts. *Schott.*

4. Etuden.

Stufe I.

Grimm, C. 14 kleine Stücke zur Uebung im Alleinspielen. *Merseburger.*
Lee, S. Op. 101. Die ersten Schritte des jungen Violoncellisten. 50 sehr leichte Stücke in fortschreitender Ordnung. *Cranz.*

Lee, S. Op. 70. 40 Exercices faciles. *Schott.*
Schröder, Carl. Op. 31. Die ersten Etuden. *Peters.*
— Op. 48. 10 leichte Etuden. *Rieter - Biedermann.*
— Op. 51. 1. Heft. 10 Etuden in der ersten Lage. *Forberg.*

Stufe II.

Battanchon, F. Op. 4. Etudes. Erstes Heft. *Hofmeister.*
Büchler, F. Op. 21. 24 Etuden. Cöln, *Tonger.*
Dotzauer, J. J. F. Op. 47. 12 Exercices. Erstes Heft. *Breitkopf & Härtel.*
— Op. 90. 6 Amusements. *Kistner.*
— Op. 120. 18 Exercices d'une Difficulté progressiv. Berlin. *Challier.*
— Op. 160. 12 Exercices à l'Usage des Commencans. *Hofmeister.*
Forberg, F. Op. 33. Studien für den Vortrag ohne Daumenaufsatz. *Forberg.*
Kummer, F. A. Op. 57. Etuden.
— Op. 106. Etuden.
Lee, S. Op. 82. Etuden.
— Op. 83. Etuden.
— Op. 92. 6 Etudes. *Hofmeister.*
— Op. 105. 8 Caprices. *Hofmeister.*
— Op. 109. 6 Caprices. Hamburg, *Pohle.*
Schröder, Carl. Op. 40. 15 Etuden. Bremen, *Präger & Meier.*
— Op. 49. 8 Etuden. *Litolff.*

Stufe III.

Battanchon, F. Op. 4. Etudes. Zweites Heft. *Hofmeister.*
— Op. 7. 50 Etudes méthodiques. Erstes Heft. *Hofmeister.*
Baudiot, C. N. 23 Etuden. Erstes Heft. Ohne Daumenaufsatz. *Kistner.*
Zur Erlangung eines regelrechten Fingersatzes in den unteren Lagen sehr nutzenbringend.
Bockmühl, R. E. Op. 47. Etudes pour le développement du mécanisme du Violoncelle. 5 Hefte. *André.*
Vortreffliche Studien, namentlich für den rechten Arm.
Boisseaux, J. Op. 7. 6 Etudes. Erstes Heft. *Schott.*
Büchler, F. Op. 18. Rhythmische Uebungsstücke. *Rieter-Biedermann.*
— Op. 19. Practische Beispiele zur Lehre von den Doppelgriffen. dem zweistimmigen Spiel und den Accorden. Zwei Hefte *Rieter - Biedermann.*
Die Büchler'schen Studienwerke sind sämmtlich sehr zu empfehlen, da sie mit grosser Sachkenntniss geschrieben sind

Dotzauer, J. J. F. Op. 54. **12 Exercices.** Zweites Heft. *Breitkopf & Härtel.*
— Op. 70. **12 Exercices.** Drittes Heft. *Breitkopf & Härtel.*
— Op. 115. **20 Etudes progressives.**
— Op. 121. **4 Exercices,** ohne Daumenaufsatz.
— Op. 176. **8 Imitations et Préludes.** *Damköhler.*
— Op. 178. **3 Préludes et Fugues.** *Damköhler.*
Franchomme, A. Op. 35. **12 Etudes.** *Schott.*
Gross. B. Op. 41 **Studien.** *Bote & Bock.*
Grützmacher, Fr. Op. 38. **Technologie.** Erstes Heft. *Peters.*
Ein anerkannt vortreffliches Werk.
Lee, S. Op. 57. **12 Etudes.** *Breitkopf & Härtel.*
— Op. 76. **6 Etudes mélodiques.** *Hofmeister.*
— Op. 31. **40 Etudes.** Erstes Heft. *Schott.*
Merk, J. Op. 11. **20 Exercices.** *Haslinger.*
— Op. 11. **20 Exercices.** revidirt von Alwin Schröder. *Eulenburg.*
Schröder, C. Op. 44. **9 Etuden** ohne Daumenaufsatz. *André.*
— Op. 51. Zweites Heft: **10 Etuden** zur Uebung im Lagenwechsel. Drittes Heft: **10 Etuden** mit Daumenaufsatz. *Forberg.*
Werner, J. Op. 14. **12 mittelschwere Vortragslagen und Bogenübungen.** *Hofmeister.*
— Op. 15. **Studien** ohne Daumenaufsatz. *Hofmeister.*

Stufe IV.

Bacn, J. S. **6 Sonaten.** *Peters.*
— **6 Sonaten,** revidirt von Alwin Schröder. *Kistner.*
Battanchon, F. Op. 4. **Etudes.** Drittes und viertes Heft. *Hofmeister.*
— Op. 5. **6 Etudes caprices.** *Hofmeister.*
— Op. 10. **25 Préludes.** *Hofmeister.*
— Op. 21. **18 Etuden** nach Stiastny. *Schott.*
— Op. 30. **6 Etudes artistiques.** *Breitkopf & Härtel.*
— Op. 25. **12 Exercices pour la pouve.** *Hofmeister.*
— Op. 7. **50 Etudes méthodiques.** Zweites Heft. *Hofmeister.*
— Op. 56. **Six Etudes.** *Hofmeister.*
Baudiot, C. N. **23 Etuden.** Zweites Heft. Im Daumenaufsatz. *Kistner.*
Boisseaux, J. Op. 7. **6 Etudes.** Zweites Heft. *Schott*
Cossmann, B. Op. 10. **5 Concert-Etuden.** *Kistner.*
Dotzauer, J. J. F. Op. 116. **6 Etudes.** *Simrock.*
— Op. 148. **12 Exercices.** *Klemm.*
— Op. 158. **12 Exercices.** *Breitkopf & Härtel.*

Duport, 21 Exercices. *Schlesinger.*
— 21 Etuden, revidirt von Alwin Schröder. *Kistner.*
   Ein ausgezeichnetes Studienwerk.
Kummer, F. A. Op. 44. 8 grandes Etudes. *Meser.*
Lee, S. Op. 31. 40 Etudes. Zweites Heft. *Schott.*
Merk, J. Op. 20. 6 Etudes. *Haslinger.*
Schröder, Carl. Op. 25. Zehn Special-Etuden. *Cranz.*
— Op. 45. 9 Etuden im Daumenaufsatz. *André.*
Swert, J. de. Op. 7. Les Arpèges. 2 Caprices. Magdeburg. *Sulzer.*
Szuk, L. Op. 8. Sechs Capricen. *Kahnt.*

Stufe V.

Bach, J. S. 6 Sonaten für den Concertvortrag, bearbeitet von
   Fr. Grützmacher. *Peters.*
   Dasselbe Werk wie zu Anfang der Stufe IV, nur in schwie-
   riger Bearbeitung.
Casella, C. A. de. Op. 33. 6 grandes Etudes. *Litolff.*
Dotzauer, J. J. F. Op. 35. 24 Capricci in tutti tuoni. *Breit-
   kopf & Härtel.*
— Op. 155. 24 Studien in allen Tonarten. *Schuberth & Co.*
— Op. 168. 6 grandes Etudes. *Hofmeister.*
— Op. 170. 6 Exercices. *Haslinger.*
Franchomme, A. Op. 7. 12 Capricen. *Hofmeister.*
Franco-Mendes, J. Op. 37. 6 Capricen. *Hofmeister.*
Grützmacher, Fr. Op. 38. Technologie. Zweites Heft. *Peters.*
Kummer, F. A. Op. 71. Exercices journaliers. *Hofmeister.*
Lee, S. Op. 105. 6 Capricen. *Hofmeister.*
Piatti, A. Op. 25. 12 Capricen. *Simrock.*
Schröder, Carl. Op. 26. 8 Capricen. *Schuberth & Co.*
— Concertstudien. 3 Hefte. *Schuberth & Co.*
   1. Heft. Über. op. 12, Concert. Breval, op. 20. Concer
   Pleyel, Concert. 2. Heft. Haydn, op. 101, Concert. Gross.
   op. 14, Concert. Kraft, op. 5, Concert. 3. Heft. Bohrer, op. 8.
   Concert. Kressner, Concert dramatique. Schlick, op. 5. Concert.
   Eine Sammlung von Concerten älterer Meister, ohne Be-
   gleitung herausgegeben.
Schuberth, Ch. Op. 4. 6 Caprices de Concert. *Schuberth & Co*
— Op. 13. 2 Etudes. *Schuberth & Co.*
Werner, J. 10 Etuden. *Hofmeister.*

5. Kleine Solostücke mit Pianoforte.

Stufe I—II.

Benkert, F. Op. 20. Jugend-Album. *Sulzer*.
Forberg, Fr. Op. 23. Volkslieder und Romanzen. *Forberg*.
— Op. 32. Leichte gefällige Stücke. *Forberg*.
Fischer, A. Op. 5. Romanze. *Leuckart*.
Fitzenhagen, W. Op. 16. 3 kleine Stücke im Umfang einer
Quarte. *Breitkopf & Härtel*.
— Op. 22. 3 kleine Stücke. 1. Das Einstimmen. 2. Russisches
Lied. 3. Walzer. *Raabe & Plothow*.
— Op. 27. 3 Salonstücke. *Breitkopf & Härtel*.
Hermann, A. Melodien-Album, Sammlung der beliebtesten
Volks- und Opernmelodien. *Peters*.
Hüllweck, C. Op. 8. Wiegenlied. *Hofmeister*.
Marx-Markus. Op. 26. 12 melodische Stücke. 2 Hefte. *D. Rahter*.
Nessler, V. E. Behüt dich Gott, es wär so schön gewesen. (Trom-
peter von Säkkingen). *Schuberth & Co*.
Schumann, R. Op. 68. Erstes Album für die Jugend. 8 Hefte.
Schuberth & Co.
— Op. 85. Zweites Album für die Jugend. *Schuberth & Co*.
— Op. 109. Drittes Album für die Jugend. *Schuberth & Co*.
— Op. 118. Viertes Album für die Jugend. *Schuberth & Co*.
Weiss, Jul. Op. 66. Blumenlese für angehende Violoncellisten.
Beliebte Volks- und Opernmelodien leicht und instructiv
fortschreitend in der 1. Position. Berlin. *Weiss*.
Wittmann, R. Op. 46. Liederkranz. *Hofmeister*.

Stufe II—III.

Bennat, F. Op. 4 u. 5. Trois Morceaux. *Forberg*.
Bockmühl, R. E. Op. 65. Stunden der Andacht. *Hofmeister*.
Boissaux, J. Elegie. *Schott*.
Braga, G. La Serenata. Transcription von Pollitzer. *Schott*.
Chopin, F. Lieder und Gesänge, übertr. von Schröder. *Schu-
berth & Co*.
Chopin-Schröder. Polnische Lieder. *Schuberth & Co*.
Dancla, Ch. Op. 143. 6 Pièces melodiques. *Schott*.
Davidoff, C. Op. 23. Romances sans paroles. *Kistner*.
— 2 russ. Romanzen. Der Abend und die Spinnerin von Meniuzko.
D. Rahter.
— Op. 12. Nr. 3. „Warum" von Schumann.
Dietz, H. Op. 32. 5 Tonstücke. *Präger & Meier*.
Fischer, A. Op. 7. A la Hongroise. *Leuckart*.

Fitzenhagen, W. Op. 26. **Albumblatt.** *Breitkopf & Härtel.*
Goens, D. van. Op. 5. **Arie und Gavotte.** *Schlesinger.*
Goltermann, G. Op. 17. **Romanze.** E-moll. *André.*
— Op. 22. **Romanze.** C-dur. *André.*
— Op. 35. **Quatre Morceaux de Salon.** 1. Romanze. 2. Alla Mazurka. 3. Caprice. 4. Adagio und Tarantella. *André.*
— Op. 60. **Romanze und Tarantella.** *André.*
— Op. 92. **Romanze.** F-dur. *André.*
— **Nocturnes.** Op. 43, 49, 54, 59, 92. *André.*
— Op. 53. **4 Morceaux caracteristiques.** *Schott.*
Nocturne. Religioso. Chanson sans paroles. Idylle.
— Op. 13. **Deux Pièces de Salon.** *Peters.*
1. Les Adieux. 2. Le Rêve.
— Op. 90. **3 Romanzen.** *Schott.*
— Op. 99. **6 Tonbilder.** *Schott.*
1. An der Wiege. 2. Auf dem Marsche. 3. Auf dem See.
4. Auf dem Eise. 5. Aus alter Zeit. 6. Am Spinnrad.
— Op. 101. **6 Tonbilder.** *Schott.*
1. Gebet. 2. Elfentanz. 3. Elegie. 4. Kleiner Reitersmann.
5. Hexentanz. 6. Auf der Kirmess.
Grell, Ed. **Andante cantabile.** Magdeburg, *Sulzer.*
Grützmacher, Fr. Op. 19. **Romanze.** *Kahnt.*
— Op. 30. **Im Frühling.** 3 Stücke. 1. Romanze. 2. Intermezzo.
3. Scherzo. *Breitkopf & Härtel.*
Hauser, M. Op. 9. **Salon-Bibliothek,** übert. von C. Schuberth.
20 Nummern.
1. Norma. 2. Trab Trab. 3. Letzte Rose. 4. Romeo und
Julie. 5. Gitana. 6. Romanze. 7. Jagdlied aus Martha. 8. Liebchen über Alles. 9. Ach so fromm. 10. Trinklied aus Lucrecia
Borgia. 11. Costa-diva. 12. Cavatine aus Gitana. 13. An
Adelheid. 14. Thautropfen. 15. Cavatine aus Romeo und
Julie. 16. Nichts Schöneres. 17. Romanze. 18. Am Guadalquivir. 19. Lucia di Lammermoor. 20. Lucrezia Borgia.
Schuberth & Co.
Hecht, G. Op. 7. **3 Lieder ohne Worte.** *Stoll.*
Henselt. Op. 33a. **Chant sans paroles.** *Stoll.*
Jensen, G. Op. 8. **5 kleine Vortragsstücke.** *Tonger.*
Kousnetzoff, A, Op. 4. **Au Berceau.** *D. Rahter.*
— Op. 7. **Idylle.** *D. Rahter.*
Kummer, F. A. Op. 170. **Mazurka für Dilettanten.** *Hofmeister.*
— Op. 113. **Pièces de Salon.**
1. Souvenir de l'Opéra il Trovatore. 2. Adagio cantabile
de Haydn. 3. Romance de l'Opéra Figaro. 4. Pièce fantastique sur des airs russes. 5. Pièce fantastique sur des airs
écossaises. 6. Romance de l'opéra Jessonda. *Hofmeister.*

Kummer, F. A. Op. 119. **Pièces de Salon.**
1. Abendempfindung. 2. Schmerz und Heiterkeit. 3. Romanze. 4. Air de Figaro. 5. Russische Volksmelodie. *Hofmeister.*
Kunkel, G. Op.50.**2 Caracterstücke.** 1.Entsagung. 2.Stürmisches Herz. *Kahnt.*
Langhans, W. Arie de Lotti, transcr. *Hofmeister.*
Lee, S. Op. 77. **Impromptu.** *Hofmeister.*
Lüdecke, L. Op. 10. **Romanze.** *Ries.*
— Op. 11. **Momento religioso.** *Ries.*
— Op. 12. **3 Lieder.** *Ries.*
— Op. 15. **12 kleine Stücke.** *Ries.*
Mendelssohn-Bartholdy. Sämmtliche Lieder und Gesänge, übertr. von Schröder. *Schuberth & Co.*
— **Lieder ohne Worte.** übertr. von Schröder. *Schuberth & Co.*
Neruda, Fr. Op. 11. **Berceuse slave.** *D. Rahter.*
— Op. 47. **Romanze.** *D. Rahter.*
— Op. 41. **Rêverie.** *D. Rahter.*
Parlow, Edmund. Op. 20. **3 Stücke.** Daraus Nr. 1. Mazurka 2. Cavatine. *Kistner.*
Reber. Op. 15. **2 Stücke.** *Cranz.*
Ries, Ferd. Romanze. Magdeburg. *Sulzer.*
Ries, Fr. Op. 20. Nr. 4. **Schlummerlied.** Magdeburg, *Sulzer.*
— **Albumblätter.** Sammlung von Melodien älterer Meister. *Sulzer.*
Scheel, Boris. Op. 117. **Rêverie.** *D. Rahter.*
Schumann, Rob. 6 Stücke, übertr. von J. Seifert. *D. Rahter.*
Schwabe, O. Cavatine. *Otho.*
Sulzer, J. Op. 8. **Sarabande.** *D. Rahter.*
Wagner, R. Träume. *Schott.*
Wittmann, R. Op. 51. **Tenor- und Bass-Arien** aus Mozarts Opern transcr. *Hofmeister.*

Stufe III.

Albrecht, L. Elegie. *D. Rahter.*
Album celèbre. 10 Morceaux choisis de Beethoven-Schuberth-Corticelli-Fesca-Vilbac-Jungmann-Brambach-Wellings. *Litolff.*
Argenton. Op. 9. **Quatre Valses.** *Hofmeister.*
Bach, J. S. Air und Gavotte. *Kahnt.*
— **3 Stücke aus der Johannes-Passion,** bearbeitet von R. Schaab. *Kahnt.*
1. Arioso. 2. Fantasie. 3. Arie.
Bargiel, W. Op. 38. **Adagio.** *Breitkopf & Härtel.*
Battanchon, F. Op. 3. **2 Mélodies.** *Hofmeister.*
— Op. 9. **Une Barcarolle et deux Romances.** *Hofmeister.*

Battanchon, F. Op. 16. Réverie. *Hofmeister.*
-- Op. 32. **Les Regrets, deux Rêveries.** *Hofmeister.*
— Op 35. **Les Rêves dorés, trois Pensées fugitives.** *Hofmeister.*
Berens, H. Salonstücke. *Schuberth & Co.*
Berthold, Th. Op. 28. **Deux Andantes.** *Kahnt.*
Bockmühl, R. E. Op. 30. **Lucia und Elisire.** *Schuberth & Co.*
-- **Drei Salonstücke.** Nr. 1. Arie aus der weissen Frau. Nr. 2. Nocturne von Jac. Schmitt. Nr. 3. Arie aus Norma. *Schuberth & Co.*.
-- Op. 68. **Vier neugriechische Nationallieder.** *Siegel.*
-- **Transcriptionen.**
  1. Alard, Op. 49. 16 Morceaux de Salon. 2. Eichberg, Op. 6. Stradella. 3. Leonard. Op. 7. Lucia. 4. Schlösser. Op. 37. Herbstblätter. 5. Ernst. Op. 25. 3 Nocturnes. 6. Molique, 3 Melodien. 7. Schubert, 3 Melodien. 8. Schuberth, Immortellen. 12 Lieder. 9. Rode, Notturno. 10. Sivori, 2 Romanzen. *André.*
Casella, Cesar A. de. Op. 50. **La Romanesca.** *Litolff.*
-- Op. 54. **Etude mélodique.** *Litolff.*
Cui, César. Op. 36. **Deux Morceaux.** Scherzando und Cantabile. *D. Rahter.*
Davidoff, C. Op. 50. **3 Salonstücke.** *Kistner.*
-- Op. 37. **2 Salonstücke.** Albumblatt. Mazurka. *D. Rahter.*
Fischer, A. Op. 6. **Au bord du ruisseau.** *Leuckart.*
Fitzenhagen, W. Op. 8. **Resignation.** Geistliches Lied ohne Worte. *Breitkopf & Härtel.*
-- Op. 15. **Consolation.** Geistliches Lied ohne Worte. *Raabe & Plothow.*
— Op. 3. **2 Lieder ohne Worte.** *Raabe & Plothow.*
— Op. 13. **Impromptu.** *Raabe & Plothow.*
-- Op. 7. **Wiegenlied.** *Kahnt.*
Förster, Ad. M. Op. 24. **Ein Albumtlatt.** *Kahnt.*
Franchomme, A. Op. 10. **Romanze.** *Hofmeister.*
— Op. 14. **3 Nocturnes.** *Hofmeister.*
— Op. 15. **3 Nocturnes.** *Hofmeister.*
— Op. 17. **10 Mélodies italiennes.** *Hofmeister.*
Franco-Mendes. Op. 42. **Impromptu.** *Hofmeister.*
— Op. 53. **Rêverie.** *Hofmeister.*
Gade, N. W. 2 Albumblätter. *Kahnt.*
Goldmark, C. 2 Gesangstücke aus der Oper „Merlin." übertr von Alwin Schröder. *Schuberth & Co.*
Goltermann, G. Op. 87. **Adagio.** *Schott.*
-- Op. 83. **Romanze.** *Schott.*
-- Op. 102. **4 Salonstücke.** *Schott.*
  1. Nocturne. 2. Etude. 3. Berceuse. 4. Gavotte.

Goltermann, G. Op. 96. **Salonstücke.** *Peters.*
Grammann, G. Op. 96. **Romanze.** *Schuberth & Co.*
Grützmacher, Fr. Op. 19b. **Romanze.** B-dur. *Kahnt.*
— **Romanesca.** Melodie aus dem 16. Jahrhundert. *Kahnt.*
Grützmacher, L. Op. 3. **Trois Bagatelles.** *Hofmeister.*
— Op. 8. **Mazurka.** *Hofmeister.*
Hänsel, A. Op. 69. **Rêverie.** *Hofmeister.*
— Op. 82. **Romanze.** *Hofmeister.*
— Op. 84. **Salonstück** über den Schattentanz aus Dinorah. *Hofmeister.*
— Op. 86. **Morceau romanesque.** *Hofmeister.*
Hauser, M. Op. 6. Nr. 1. **Romanze.** *Schuberth & Co.*
Haydn, J. **Serenade,** arrangirt von Kletzer. *Kahnt.*
Henriques, R. Op. 5. **3 Stücke, Märchen, Humoreske,** Inzurka. *D. Rahter.*
Hetzel, M. Op. 1. **Romanze.** *Kahnt.*
Holländer, Gust. Op. 11. **Ständchen.** *Forberg.*
Huber, H. Op. 30. **2 Romanzen.** *Kistner.*
Klengel, Jul. Op. 13. **Gavotte.** *Breitkopf & Härtel*
— „Unsere Lieblinge," die schönsten Melodien. *Breitkopf & Härtel.*
Kletzer, F. Op. 19. **3 Characterstücke.** Laune, Lust, Leben. *Kahnt.*
— Op. 20. **Adagio.** *Kahnt.*
Kirchner, Th. Op. 79. **8 Stücke.** *Hofmeister.*
Koch, Fr. E. Op. 1. **3 Noveletten.** *Präger & Meier.*
1. Ein Traum. 2. Humoreske. 3. Zwiegespräch.
— Op. 2. **Variationen** über ein deutsches Lied. *Präger & Meier.*
Kousnetzoff, A. Op. 10. **Le Regret.** *D. Rahter.*
— Op. 5. **Un Récit.** *D. Rahter.*
Kummer, F. A. Op. 127, 128, 129. **Trois Pièces de Salon** sur des airs anglais et écossais. *Hofmeister.*
— Op. 130. **Pièces de Salon.**
1. Wenn die Schwalben heimwärts ziehen. 2. Il Bacio. 3. Lieder von Kücken. 4. Arie aus der Schöpfung. 5. Sehnsuchtswalzer. 6. Sarabande von Bach. *Hofmeister.*
Lahee, H. Suite. *Schott.*
1. Romance. 2. Menuet. 3. Melodie. 4. Danse a l'Espagnole. 5. Prière pendant l'orage. 6. Gavotte.
Lee, S. Op. 98. **Soirées du Violoncelliste-Amateur.**
1. Il Trovatore. 2. Rigoletto. 3. La Traviata. 4. Un Ballo in Maschera. 5. Macbeth. 6. Lombardi. 7. Ernani. 8. Simon Boccanegra. 9. Forza del Destino. 10. Attila. 11. Aroldo. 12. Luisa Müller. 13. I due foscari. 14. Giovanna d'Arco. *Hofmeister.*

— 17 —

Leibrock, J. A. Transcriptionen Klassischer Lieder und Gesänge. *Litolff.*
Lindner, A. Op. 56 **Altes und Neues.** Adagio von Locatelli. Gavotte von Biber. Vier Melodien. *Cranz.*
Lohengrin. J.yrische Stücke. *Breitkopf & Härtel.*
Lyrische Stücke zum Gebrauch für Concert und Salon. Nr. 1. Mozart, Larghetto aus dem Quintett in A-dur. Nr. 2. Pergolese, Tre Giorni, Romanze. Nr. 3. J. S. Bach, Adagio in E-dur. Nr. 5. Biber, Gavotte. Nr. 7. Haendel, Allegretto moderato. Nr. 9. Veracini, Mennett. Nr. 10. Nardini, Largo. Nr. 12. Reinecke, Andante aus Manfred. Nr. 4. Chopin, Largo aus der Cellosonate. Nr. 6. J. S. Bach, Adagio. Nr. 8. Leclair, Largo Nr. 11. Larghetto (Autor unbekannt). Nr. 13. Engel's Romanze. Nr. 14. P. Martini, Gavotte. Nr. 15. Rosenhain, Romanze. Nr. 16, 17. Leclair, Gavotte in C-dur. Aria in F-dur. Nr. 18, 19. Corelli, Preludio. E-moll. Adagio und Allegro in A-dur. Nr. 20. Méhul, Arie aus Joseph. 21. Chor und Arie aus Iphigenie. 22. Haydn. Adagio aus einer Sonate. Nr. 23, 24. Leclair, Musette. G-dur. Gavotte. B-dur. Nr. 25. Arie aus Iphigenie in Tauris. Nr. 26. Reinecke, Klage aus Manfred. 27. Mendelssohn, Romanze. Nr. 28. Gluck, Arie des Pylades. Nr. 29, 30. Leclair, Allegro. E-moll. Arie. A-dur. Nr. 31. Chopin. Präludium. Nr. 32. Mozart, Romanze. Nr. 33. Schumann, Manfreds Ansprache an Astarte. *Breitkopf & Härtel.*
Manns. Op. 19. **Concertstück.** *Präger & Meier.*
Marx-Markus, Ch. Op. 20. **Feuilles d'Album.** *D. Rahter.*
- Op. 30. **Gavotte.** *C. Rahter.*
Mendelssohn. Op. 109. **Lied ohne Worte.** *Schuberth & Co.*
10 **Lieder ohne Worte.** *Schuberth & Co.*
Menter, K. Op. 5. 6 **Charakterstücke.** *Leuckart.*
Moszkowski, M. Op. 45. Nr. 2. **Guitarre.** *Peters.*
Mozart. Berühmtes **Larghetto.** *Schuberth & Co.*
Müller-Berghaus. 3 **Stücke.** *Scholl.*
Nápravnik. Ed. Op. 37. **Trois Morceaux.** Marciale, Barcarolle, Introduction ch Valse. *D. Rahter.*
Nardini. Adagio, übertr. von C. Schröder. *Schuberth & Co.*
Neruda, Fr. O 56. **Serenade slave.** *D. Rahter.*
- Op. 52. **Humoreske.** *D. Rahter.*
-- Op. 50 **Mazurek.** *D. Rahter.*
Nessler V E Der Rattenfänger von Hameln. Sextett: "Nun reiche mir die Hand." *Schuberth & Co*

Popper, D. Op. 46. **2 Transcriptionen.** 1. Schlummerlied aus der „Mainacht" von Rimsky-Korsakoff. 2. Träumerei ans den Kinderscenen von Schumann. *D. Rahter.*
— Op. 38. **Barcarole.** *Hofmeister.*
Pergolesi. Andante, arrangirt von de Swert. *Schott.*
Prume, Fr. Le Mélancolie. *Schuberth & Co.*
Rebling, G. Op. 36. **Romanze.** *Schuberth & Co.*
— Op. 32. **Elegie.** *Breitkopf & Härtel.*
Ries, Fr. Op. 7. **2 Stücke:** Humoreske, Frühlingsnahen. *Sulzer.*
Rubinstein, Ant. Op. 30. **Nr. 1. Barcarole,** übertr. von Rob. Henriques. *Kistner.*
Saint-Saëns. Op. 43. **Allegro apassionato.** *Durand&Schönewerk.*
— Op. 51. **Romanze.** *Durand & Schönewerk.*
Scharwenka. Op. 10. **Romanze.** *Präger & Meier.*
— Op. 22. **Cavatine.** *Präger & Meier.*
Schröder, Carl. Op. 24. **Serenade. Impromptu.** *Cranz.*
— Op. 53. **La clochette de la vallée, Idylle.** *Forberg.*
— Op. 30. **Transcriptionen** italienischer, deutscher und französischer Musikstücke aus dem 17. und 18. Jahrhundert. *Cranz.*
 1. Romanze von Giorghetti. 2. Gavotte von Kirnberger. 3. Air von Rameau. 4. Tambourin von Rameau.
— **5 Transcriptionen** ans der alten ,deutschen Schule. *Kistner.*
 Stücke von Mattheson. J. Cr. Bach etc.
— **5 classische Stücke** älterer berühmter Meister. *Breitkopf & Härtel.*
 1. Krebs, Corrente. 2. Nichelmann. Sarabande. 3. Zipoli, Sarabande. 4. Tartini, Larghetto. 5. Bach, Sarabande.
— **Amerikanische Ballade.** *Schuberth & Co.*
— **3 Stücke.** *Hofmeister.*
 1. Allegro di Sonatina. 2. Stück im Volkston. 3. Lied ohne Worte.
Schröder, Alw. 6 Solostücke. *Kahnt.*
 1. Momentmusical — Schubert. 2. Nocturne — Glinka. 3. Sarabande — Händel. 4. Larghetto — Händel. 5. Air — Händel. 6. Lento aus Op. 25 — Chopin.
— **Classisches Album.** *Eulenburg.*
 Band I. Sarabande und Tambourin — Leclair. Adagio — Ad. Reinken. Menuett — Händel. Träumerei — Schumann. Abendlied — Schumann.
 Band II. Siciliano — Bach. Lied ohne Worte (Op. 107) — Mendelssohn. Adagio — Bach. Adagio — Tartini. Ave Maria — Cherubini. Largo — Bach.
Schumann. Op. 102. **5 Stücke im Volkston.** *Peters.*
— **Abendlied.** *Schuberth & Co.*
schwab, K. J. Op. 10. **2 Melodien.** *Breitkopf & Härtel.*

Servais, F. Romanesca. Wien, *Witzendorf.*
Stradella, A. Kirchenarie. *Schuberth & Co.*
Sulzer, Jos. Op. 5. **Novellette.** *Breitkopf & Härtel.*
Swert, Jules de. Collection des Morceaux choisis.
Suite I. Andante de J. S. Bach. Larghetto de Haendel.
Sarabande de Veracini. Larghetto de Haendel.
Suite II. Cantabile de Locatelli. Adagio de Bach. Andante de Haendel. Siciliano de Locatelli. Largo de Tartini.
Suite III. Andante de Pergolesi. Arie de Locatelli.
Andante de Tartini. Adagio de Corelli. *Schott.*
Udbye, M. A. Op. 8. **8 Stücke.** *Kahnt.*
1. Morgengesang. 2. Sinniger Gedanke. 3. Tanz der Nymphen. 4. Nordische Sommernacht. 5. A la Mazurka. 6. Halling Volkstanz. 7. Aufregung. 8. In ruhiger Stunde.
Vogel u. H. Guérout. Le Concert au Salon. Transcriptionen berühmter Stücke. *Litolff.*
Volkmann, R. Op. 7. **Romanze.** *Breitkopf & Härtel.*
Werner, Jos. Op 7. **Romanze und Czardas.** *Kistner.*
— Op. 8. **Adagio und Gavotte.** *Kistner.*
Widor. Op. 21. **Pièces.** Paris, *Maho.*
Winterberger, Alex. Op. 79. **Romanze und Barcarole.** *Kistner*
Wittmann. Op. 50. **Barcarolle.** *Hofmeister.*

Stufe III—IV.

Battanchon, F. Op. 11. **Une Sérénade** et deux pensées fugitives. *Hofmeister.*
— Op. 19. **Chants du Soir.** *Hofmeister.*
— Op. 34. **Deux Romances sans Paroles.** *Hofmeister.*
Boccherini, L. Menuett. *Schlesinger.*
Bockmühl, R. E. Op. 62. **4 grands Morceaux de Salon.** *Peters.*
1. Ballade. 2. Marche funèbre. 3. La chasse. 4. Elegie.
Boesel, A. Op. 6. **Romanze** *Sulzer.*
Bronsart, Ingeborg v. Romanze. *Sulzer.*
Bull, Ole. Op. 1. **Adagio** religioso in G, übertr. von Bockmühl. *Schuberth & Co.*
— Op. 2. **Nocturne in D,** übertr. v. Bockmühl. *Schuberth & Co.*
Cossmann, B. Menuett. *Schott.*
Davidoff, Ch. Op. 41. **Silhouetten.** *Peters.*
1. Am Morgen. 2. Walzer. 3. Notturno. 4. Am Luganer See
Fischer, A. Op. 15. **Les Arpèges, Caprice.** *Leuckart.*
Fitzenhagen, W. Op. 1. **Romanze.** *Kahnt.*
Franchomme. Op. 8. **3 Récréations.** *Hofmeister.*
— Op. 18. **Trois Solos.** *Hofmeister.*

2*

Franchomme. Op. 19. **Trois Nocturnes.** *Hofmeister.*
Grützmacher, L. Op. 1. **Idylle. Romanze.** *Kahnt.*
Grützmacher, Fr. Op. 60. **Transcriptionen** class. Musikstücke.
Kahnt.
  1. Larghetto — Mozart. 2. Serenade — Haydn. 3. Air
und Gavotte — Bach. 4. Walzer — Fr. Schubert. 5. Ro-
manesca. 6. Perpetuum mobile — Weber. 7. Gavotte —
Padre Martini. 8. Rondo — Boccherini. 9. Reigen seliger
Geister und Furientanz — Gluck.
Hänsel, A. Op. 72. **Scène d'Amour,** Cantilene. *Hofmeister.*
— Op. 83. **Rondo scherzando.** *Hofmeister.*
Hauser, M. Op. 37. **4 Lieder ohne Worte,** übertr. von Bock-
mühl. Nr. 1. Ahnung. Nr. 2. Märchen. Nr. 3. Einsamkeit.
Nr. 4. Andacht. *Schuberth & Co.*
Haydn, J. Serenade, bearbeitet von Grützmacher. *Kahnt.*
Holländer, G. Op. 13. **Notturno.** *Schott.*
Kiel, Fr. Op. 12. **3 Stücke.** *Simrock.*
Kousnetzoff, A. Op. 3. **Caprice.** *D. Rahter.*
Lachner, V. Op. 65. **6 deutsche Tanzweisen.** *Leuckart.*
Lange, S. de. Op. 38. **Adagio und Tarantelle.** *Präger & Meier.*
Lee, S. Op. 52. **Barcarolle.** *Hofmeister.*
— Op. 111. **Saltarello.** Hamburg, *Böhme.*
Mattioli, L. Op. 18. **Habanera.** *Kistner.*
— Op. 19. **Consolation.** *Kistner.*
— Op. 23. Nr. 1. **Danse montagnarde.** *Kistner.*
Neruda, Fr. Op. 53. **Mazurka.** *D. Rahter.*
— Op. 54. **Gavotte.** *D. Rahter.*
— Op. 64. **Mazurek.** *D. Rahter.*
— Op. 39. **3 Stücke.** *Kistner.*
  1. Ständchen. 2. Menuetto. 3. Polonaise.
— Op. 41. **3 Stücke.** *Kistner.*
  1. Gavotte. 2. Mazurka. 3. Norwegisch.
Nessler, V. E. Der Rattenfänger von Hameln. Potpourri, übertr.
von A. v. Rosen. Walzer. Quadrille. Lied vom Ohrenklingen.
Du schönste Blum'. *Schuberth & Co.*
Popper, D. Op. 52. Nr. 1. **Feuille d'Album.** *D. Rahter.*
Popper, W. Op. 1. „Der Traum," **Romanze.** *D. Rahter.*
— Op. 2. „L'Adieu," **Elegie.** *D. Rahter.*
— Op. 2. **Mazurka.** *D. Rahter.*
Puchat, Max. Op. 4. **3 Phantasiestücke.** *Breitkopf & Härtel.*
Parlow, Edmund. Op. 20. **3 Stücke.** *Kistner.*
Rehberg, W. Op. 12. **Romanze.** *Leuckart.*
Sammlung classischer Stücke aus den Werken berühmter
Meister. *Peters.*
  Theilweise für die vorhergehenden und folgenden Stufen.

Schnitzler, L. Op. 4. **Romanze.** *D. Rahler.*
Schuberth, Ch. Dodecameron in 24 Heften. Ausgewählte Salon-
 compositionen. *Schuberth & Co.*
Sitt, Hans. Op. 17. **Romanze.** *Leuckart.*
Sulzer, J. Schwedisches Volkslied. *Breitkopf & Härtel.*

Erste Serie.

Nr. 1. L'Espoir. Romance. Op. 9.
„ 2. Les Soupirs. 2 Nocturnes. Transcriptions.
„ 3. Quatre Elégies. 1. La mort d'une jeune femme.
 2. Crépuscule. 3. Elégie russe. 4. Poëme d'amour.
 Op. 10.
„ 4. Adagio et Mazurka. Op. 17.
„ 5. Mystification. Capriccietto. Op. 18.
„ 6. Ave Maria, de F. Schubert. Transcription.
„ 7. Trois Romances. 1. Berceuse (Wiegenlied).
 2. Amourette (Liebeslied). 3. Impatience (Ungeduld).
 Op. 20.
„ 8. Adagio de Mozart. Transcription.
„ 9. Mélancolie et Résignation. 2 Romances. Op. 22.
„ 10. Marche funèbre. Elégie de Vollweiler. Transcription.
„ 11. Le Désir. (Sehnsucht.) Romance. Op. 25.
„ 12. Souvenir de Henselt. Romance et Nocturne.

Zweite Serie.

Nr. 1. Adieu. Nocturne. Op. 6.
„ 2. Adieu. Nocturne. Op. 6. Pour 2 Violoncelles. Edi-
 tion facile. Edition de Concert.
„ 3. Fantaisie mélodique. Op. 21.
„ 4. Fantaisie russe. Op. 26.
„ 5. Ballade élégiaque et Rondino. 2 Morceaux caractéri-
 stiques. Op. 27.
„ 6. Andante et Rondo élégant. Op. 28.
„ 7. Andante et Caprice. Op. 29.
„ 8. Le Regret. Chant sentimental. Op. 30.
„ 9. Souvenir de Huguenots. Capriccietto. Op. 32.
„ 10. La Barcarolle. Morceau de Salon. Op. 33.
„ 11. Vergissmeinnicht. Romance. Op. 39.
„ 12. Eine Sarabande und zwei Gavotten von J. S. Bach
 mit Piano.
Ernst, Elégie avec Introduction de Spohr.
La Nuit, thème du Désert de David.

Stufe IV.

Battanchon, F. Op. 24. **Elégie.** *Hofmeister.*
— Op. 27. **La Primavera. Pastorale.** *Hofmeister.*
Bischoff,. K J. Op. 41. **4 Stücke** im neapolitanischen Volkston.
1. Désir d'amour. 2. Canzonetta. 3. La Campanella. 4. Serenata. *André.*
Casella, César A. de. Op. 52. **Valse.** *Litolff.*
— Op. 53. **Un moment de tristesse.** *Litolff.*
— Op. 55. **La promesse.** *Litolff.*
Cossmann, B. 6 **Salonstücke.** 2 Hefte. *Breitkopf & Härtel.*
Heft 1. Notturno. Humoreske. Erinnerung.
Heft 2. Impromptu. Romanze. Tarantella. (Siehe Stufe V.)
— **Etude de Chopin.** *Schott.*
— „**Traumgesioht.**" *Schott.*
Chopin-Servais. Nocturne. *Schott.*
Chopin-Schröder. Nocturne. F-moll. *Schuberth & Co.*
Davidoff, C. Op. 20. **4 Stücke.**
1. Sonntagsmorgen. 2. An der Wiege. 3. Am Springbrunnen (Stufe V). 4. Abenddämmerung. *Kistner.*
Ebner, Carl. Op. 20. **2 Stücke.** Widmung und Tarantelle. *D. Rahter.*
Field, J. 9 **Nocturnes,** übertr. von Bockmühl. *Schuberth & Co.*
Fitzenhagen, W. 6 **classische Stücke** von Bach und Locatelli. *Raabe & Plothow.*
— Op. 20. **2 Salonstücke.** Barcarolle. Frühlingsempfindung. *Raabe & Plothow.*
— Op. 31. **Concert-Walzer.** *D. Rahter.*
Franchomme, A. Op. 9. **Chant d'Adieu.** *Hofmeister.*
— Op. 12. **Serenade.** *Hofmeister.*
— Op. 21. **Adagio et Bolero.** *Hofmeister.*
— Op. 29. **Adagio.** *Hofmeister.*
Franco-Mendes. Op. 55. **Nocturne.** *Hofmeister.*
Goltermann. Op. 24. **Capriccio.**
— Op. 48. **4 Morceaux caractéristiques.**
Legende. Intermezzo. Nocturne. Pollacca. *Schott.*
Grütz macher, Fr. Op. 4. **Cinq Morceaux.** *Hofmeister.*
— Op. 9. **Dix Morceaux.** *Hofmeister.*
Grützmacher, L. Op. 1. **Bolero.** *Kahnt.*
— Op. 4. **Reisebilder.** *Hofmeister.*
— Op. 8. **Waisenlieder. Kosatschook.** *Hofmeister.*
Hänsel, A. Op. 67. **Cantilene.** *Hofmeister.*
— Op. 87a. **Burleske à la danse.** *Hofmeister.*
Hartog, Ed. de. Op. 55. **Impromptu-Mazurka.** *Kistner.*
Henriques, R Op. 1. 2 Stücke. 1. Romanze. 2. Capricietto. *Kahnt.*

Hüllweck, C. Op. 6 Mazurka. *Breitkopf & Härtel.*
Kiel, Fr. Op. 11 Reisebilder. 2 Hefte. *Peters.*
Klengel, Jul. Op. 18. Zweite Tarantelle. *Breitkopf & Härtel.*
— Op. 14. Dritte Mazurka. *Breitkopf & Härtel.*
— Op. 9. Nocturno. *Breitkopf & Härtel.*
Kletzer, F. Op. 16. Capriccio. Thema von Seeligmann. *Kahnt.*
— Op. 24. Zigeunerweisen. *Kahnt.*
Kummer, F. A. Op. 63. La Mélancolie. Pièce caractéristique.
Liliencron, F. v. Sarabande und Courante von J. S. Bach.
   (Klavierbegleitung.) *Breitkopf & Härtel.*
Lorleberg, Paul. Op. 3. Romanze. *Kahnt.*
Milde, Louis. Op. 9. Polonaise. *Schlesinger.*
Offenbach, J. Op. 24. Musette, Air de Ballet. *Schott.*
Popper, D. Op. 11. 3 Stücke. Widmung. Humoreske, Mazurka
   in G-moll. *Senff.*
   Op. 12. Mazurka in D-moll. *Hofmeister.*
— Op. 23. Gavotte in D-dur. *Hofmeister.*
— Op. 10. Sarabande und Gavotte. *Hofmeister.*
— Op. 3. 6 Charakterstücke.
   Heft 1. Papillon (Stufe V). Warum. Erzählung. Heft 2.
   Harlequin. Begegnung. Lied. *Senff.*
— Op. 32. Nr. 1. Nocturne. *D. Rahter.*
   Op. 32. Nr. 2. Mazurka. *D. Rahter.*
— Op. 33. Tarantelle. *D. Rahter.*
— Op. 47 Viertes Nocturne. *D. Rahter.*
— Op. 52. Nr. 2. Mazurka fantastique. *D. Rahter.*
— Op. 54. Spanische Tänze. *D. Rahter.*
   1. Zur Guitarre. 2. Serenade. 3. Spanischer Carneval.
   4. L Andalouse. 5. Vito.
— Op. 57. Zweite Tarantelle. *D. Rahter*
Prehn, L. Op. 1. Legende. *Kahnt.*
Raff, J. Larghetto. *Schuberth & Co.*
Rebling, G. Op. 37. Ballade. Berlin, *Sulzer.*
Romberg, B. 6 Gesangsstücke aus dessen Werken, herausge
   geben von Bischoff. *Thiemer.*
Roth, Ph. „L'Abeille von Schubert. *Hofmeister.*
Rubinstein, A. Op. 11. Salonstücke. 3 Hefte. *Schuberth & Co.*
Schröder, Carl. Dansa napolitana. *Schuberth & Co.*
— Op. 42. Nocturne. *Hofmeister.*
Schröder, Alw. 6 Solostücke. *Kahnt.*
   Nr. 6. Lento aus Op. 25. von Chopin.
Schubert, Fr. Walzer. arr. von Grützmacher. *Kahnt.*
Stör. Op. 22. Ständchen. *Fritzsch.*
Swert, J. de. 6 Nocturnes de Chopin. *Schott.*
Volkmann, R. Op. 74. Capriccio. *Kistner*

Volkmann, R. Unter der Linde. Für Violoncell von J. de Swert. *Schott.*

Wagner-Popper. Albumblatt. *Fritzsch.*

Werner, Ch. Polacca guerriera. *Schuberth & Co.*

Wieniawsky, H. Op. 17. **Legende.** *Kistner.*

Zopff, H. Op. 39. **Gesangsstück.** *Kahnt.*

Stufe V.

Battanchon, F. Op. 26. **Valse brillant.** *Hofmeister.*

— Op. 36. **Bolero.** *Hofmeister.*

Beethoven, L. Op. 40. **Romanze in G-dur,** übertr. von Bockmühl. *Schuberth & Co.*

— Op. 50. **Romanze in F-dur,** übertragen von Bockmühl. *Schuberth & Co.*

Bockmühl, R. E. Op. 29. **Un Bouquet d'Immortelles.** *Schuberth & Co.*

Chopin-Schröder, Etude. Op. 25. Nr. 7. *Schuberth & Co.*

Chopin-Davidoff, 8 Walzer. *Breitkopf & Härtel.*

— **Mazurkas.** *Breitkopf & Härtel.*

— **Nocturnes** 1—13. *Breitkopf & Härtel.*

Cossmann, B. Tarantella. *Breitkopf & Härtel.*

Davidoff, C. Op. 20. **Am Springbrunnen.** *Kistner.*

Dotzauer, J. J. F. Op. 162. **Six Romances.** *Hofmeister.*

Ernst, H. W. Op. 8. **2 Nocturnes.** *Kistner.*

Fitzenhagen, W. Op. 14. **Concert-Mazurka.** *Raabe & Plothow.*

— Op. 33. **Concert-Mazurka.** Nr. 2. *D. Rahter.*

Grützmacher, L. Op. 5. **Grand Valse de Concert.** *Hofmeister.*

Grützmacher, Fr. Op. 60. **Transcriptionen** class. Stücke. Nr. 6. Perpetuum mobile. *Kahnt.*

Klengel, Jul. Op. 17. **Humoreske.** *Breitkopf & Härtel.*

— Op. 16. **Concert-Etude.** *Breitkopf & Härtel.*

— Op. 6. **Scherzo.** *Breitkopf & Härtel.*

— Op. 12. **Polonaise.** *Breitkopf & Härtel.*

— Op. 2. **3 Stücke.** *Breitkopf & Härtel.*

— Op. 3. **Capriccio.** *Breitkopf & Härtel.*

Kletzer, F. Op. 7. **Ungarische Rhapsodie.** *Kahnt.*

— Op. 9. **Erinnerung an Pesth.** Paraphrase über ungarische Nationalmelodieen. *Kahnt.*

Kummer, F. A. Op. 72. **Elegie.** *Hofmeister.*

Liszt, F. Elégie. En mémoire de Madame Marie Moukhanoff. *Kahnt.*

— **Zweite Elegie.** *Kahnt.*

— **Ave Maria.** *Kahnt.*

— **Cantique d'amour.** *Kahnt.*

Mattioli, L. Op. 23. Nr. 2. **Etude de Concert.** *Kistner.*
Neruda, Fr. Op. 38. **Mazurka und Ungarisch.** Kopenhagen,
  Lohse.
Piatti. Op. 23. **Tarantella.** *Schott.*
— Op. 17. **Sérénade italienne.** *Schott.*
— Op. 8. **Airs baskyrs.** *Schott.*
Popper, D. Op. 3. **Pappillon.** *Senff.*
— Op. 14. **Polonaise de Concert.** *Senff.*
— Op. 22. **Nocturne.** *Hofmeister.*
— Op. 28. **Zweite Polonaise.** *Hofmeister.*
- - Op. 39. **Elfentanz.** *D. Rahter.*
— Op. 55. **2 Concert-Etuden.** *D. Rahter.*
  1. Spinnlied. 2. Jagdstück.
Reinecke, C. Op. 146. **3 Stücke.** Arioso. Gavotte. Scherzo.
  Breitkopf & Härtel.
Schröder, Carl. Op. 24. **Scherzo** (Mückenspiel). **Tarantella na-
  politana.** *Cranz.*
— Op. 27. **Airs hongroise.** *Schuberth & Co.*
— Op. 33. **Concert-Mazurka.** *Schuberth & Co.*
Schuberth, Ch. Op. 12. **Rondo pastorale.** *Schuberth & Co.*
— Op. 16. **Tarantella.** *Schuberth & Co.*
Swert, J. de. Op. 8. **Mouvement perpétuel.** Berlin, *Sulzer.*
Vieuxtemps, H. Souvenir d'amitié aus Opus 8, Romanze, über-
  tragen von Bockmühl. *Schuberth & Co.*
— **Andante** aus Op. 19, übertr. v. Bockmühl. *Schuberth & Co.*
— **Romanze Sicilienne,** übertr. von Bockmühl. *Schuberth & Co.*
— **Ballade** aus Op. 38, übertr. v. Bockmühl. *Schuberth & Co.*
Weber, C. M. v. Perpetuum mobile, arrangirt von Grütz-
  macher. *Kahnt.*

6. Kleine Solostücke mit Orchesterbegleitung.

Stufe III.

Bargiel, W. Op. 38. **Adagio.** *Breitkopf & Härtel.*
Franchomme, A. Op. 10. **Romanze.** *Hofmeister.*
Goltermann, G. Op. 83. **Adagio** in C-dur. *Schott.*
— Op. 87. **Romanze** in Es-dur. *Schott.*
Grell, Ed. **Andante cantabile.** Berlin, *Sulzer.*
Grützmacher, Fr. Op. 19b. **Romanze.** *Kahnt.*
Hamerik. Op. 27. **Concert-Romanze.** *André.*
Mendelssohn. Op. 109. **Lied ohne Worte.** Dresden-Neustadt,
  Seeling.

Merkel, G. Op. 114. **Andacht. Adagio religioso.** *Breitkopf &
Härtel.*
Rebling, G. Op. 32. **Elegie.** *Breitkopf & Härtel.*
— Op. 36. **Romanze.** *Schuberth & Co.*
Sachs, J. Op. 31. **Ständchen.** *Ries.*
Seiss, J. Op. 13. **Adagio.** *Schlesinger.*

Stufe IV.

Baillot, P. Op. 21. **Berühmtes Solostück.** *André.*
Franchomme, A. Op. 9. **Chant d'Adieux.** *Hofmeister.*
Lange, S. de. Op. 38. **Adagio und Tarantelle.** *Präger & Meier.*
Schröder, Carl. Dansa napolitana. *Schuberth & Co.*
Stör. Op. 22. **Ständchen.** *Fritzsch.*

Stufe V.

Battanchon, F. Op. 36. **Bolero.** *Hofmeister.*
Davidoff, C. Op. 25. **Ballade.** *Kistner.*
Popper, D. Op. 3. **Papillon.** *Senff.*
— Op. 39. **Elfentanz.** *D. Rahter.*
Schuberth, Ch. Op. 16. **Tarantella.** *Schuberth & Co.*
— Op. 12. **Rondo pastorale.** *Schuberth & Co.*

7. Fantasien, Variationen etc. mit Pianoforte- oder Orchesterbegleitung.

Stufe I—II.

Fitzenhagen, W. Op. 17. **Heideröslein - Fantasie.** *Raabe &
Plothow.*
  Op. 25. **Leichte Variationen über ein Originalthema.** *Breit-
kopf & Härtel.*
Güth, J. L. Op. 38. **Die ersten Weihnachtsfreuden.** *Leichte
Variationen über ein Thüringer Volkslied. André.*

Stufe II.

Alard, D. Op. 39. **8 leichte Fantasien über Opernmelodien.**
Schott's Söhne.
Appel. Op. 5. **Andante und Variationen.** *An Alexis send' ich
dich.*

Billeter, A. Op. 49. **Caprietto.** *Forberg.*
Böhm, L. Op. 2. **Variationen.** *Artaria.*
-- Op. 3. **Introduction et Polonaise facile.** *Artaria.*
Grimm, C. Op. 29. **2 Melodien.** 1. Haydn, Arie. 2. Stradella, Arie. *Forberg.*
Schuberth, L. Op. 34. **Paraphrase** über das schwedische Lied: „Der Hirt" von Berg. *Forberg.*
Weiss, J. Op. 77. **Der Salouvioloncellist.** Kleine Fantasien über beliebte Volks- und Opernmelodien. *Weiss.*

Stufe III.

Dotzauer, J. J. F. Op. 105. **Divertissement,** Motive aus der weissen Dame. *Peters.*
— Op. 135. **Variationen** über Motive aus Norma. *Schuberth & Co.*
Franchomme, A. Op. 11. **Variations sur la Romance:** Un Soupir de Moutfort. *Hofmeister.*
— Op. 13. **Souvenir de Norma,** Fantasie. *Hofmeister.*
— Op. 22. **3 Thèmes variés.** 1. Donizetti. 2. Beethoven. 3. Bellini. *Hofmeister.*
— Op. 24. **Trois Caprices.** 1. Norma. 2. Preciosa. 3. Le Pirate. *Hofmeister.*
— Op. 25. **Trois Airs nationaux variés.** 1. Écossais. 2. Tyrolien. 3. Irlandais. *Hofmeister.*
Gerlach, Th. Op. 1. **Variationen** über ein eigenes Thema. *Breitkopf & Härtel.*
Holländer, G. Op. 3. **Spinnerlied.** *Forberg.*
Kummer, F. A. Op. 9. **Divertissement.** La Muette de Portici. *Nagel.*
Lee, S. Op. 33. **Le Bouquet,** Divertissement sur des Melodies de l'opéra Joseph. *Hofmeister.*
— Op. 41. **Fantasie Giuramento.** *Hofmeister.*
Romberg, B. Op. 42. **Airs suedois.** *Peters.*
— Op. 46. **Divertimento** über österr. Volkslieder. *André.*
— Op. 61. **Thème avec Variations.** *Kistner.*
— Op. 65. **Variations sur 3 Airs westphaliens.** *Hofmeister.*
— **Pièces célèbres,** revidirt von Fitzenhagen. *Litolff.*
Swert, J. de. Op. 13. **Souvenir.** Melodie. *Forberg.*
— Op. 11. **3 Morceaux caractéristiques.** *Forberg.*

Stufe IV.

Battanchon, F. Op. 8. **Souvenir de Beethoven.** Variations. *Hofmeister.*
Dotzauer, J. J. F. Op. 149. **Fantasie** aus Tell. *Schuberth & Co.*

Dotzauer, J. J. F. Op. 163. Nr. 1. Morceau de Salon sur des Motivs d'Ambassadrice. Nr. 2. Morceau de Salon sur des Motivs de Tell. *Hofmeister.*

Franchomme, A. Op. 6. **Variations.** 2 Thèmes russes et écossaises. *Hofmeister.*

— Op. 16. **Caprice sur 2 airs espagnols.** *Hofmeister.*

— Op. 30. **Thème varié.** *Hofmeister.*

— Op. 32. **2 Airs russes variés.** *Hofmeister.*

Franz, O. Op. 1. **Adagio.** *Forberg.*

— Op. 2. **Lied ohne Worte.** *Forberg.*

Grützmacher, Fr. Op. 7. **Fantasie hongroise.** *Litolff.*

Hänsel, A. Op. 71. **Ernst und Scherz.** Fantasie. *Hofmeister.*

— Op. 85. **Fantasie über Webers letzten Gedanken.** *Hofmeister.*

— Op. 94. **Fantasie.** *Hofmeister.*

Hiller, F. v. **Ständchen.** *Forberg.*

Kletzer, F. Op. 27. **Fantasie Trovatore.** *Kahnt.*

Marx-Markus. Op. 6. **Morceau de Salon.** 2 Hefte. *Forberg.*

— Op. 8. **Mazurka.** *Forberg.*

Merk, J. Op. 9. **Divertissement hongroise.** *Litolff.*

Popper, D. Op. 16. **Suite.** *Hofmeister.*
1. Andante grazioso. 2. Gavotte. 3. Scherzo. 4. Largo espres. 5. Marcia, Finale.

Romberg. Op. 20. **Variationen** über zwei russische Lieder. *Hofmeister.*

Stark, L. Op. 59. **4 kleine Vortragsstücke.** 1. Idylle. 2. Ballade. 3. Improvisation. 4. Alpenlied. *Forberg.*

Stufe IV—V.

Battanchon, F. Op. 14. **Fantasie caractéristique** sur des airs bretons. *Hofmeister.*

— Op. 23. **Souvenir d'un Bal.** Fantasie. *Hofmeister.*

— Op. 28. **Caprice.** *Hofmeister.*

— Op. 33. **Réminiscences de Beethoven.** Caprice. *Hofmeister.*

Dotzauer, J. J. F. Op. 119. **Divertissement.** Templer und Jüdin. *Hofmeister.*

— Op. 133. **Le Desir,** Valse avec Var. *Hofmeister.*

— Op. 163. Nr. 3. **Morceau de Salon** sur des motivs de Domino noir. *Hofmeister.*

Op. 164. Nr. 2. **Lucia-Fautasie.** *Hofmeister.*

Franchomme, A. Op. 1. **Thème varié.** *Hofmeister.*

— Op. 20. **Caprice sur la Cavatine de l'opéra Niobe.** *Hofmeister*

— Op. 26. **Airs auvergnat varié.** *Hofmeister.*

Op. 28. **Homage à Onslow.** Fantasie. *Hofmeister.*

Franchomme, A. Op. 31. **Fantasie Semiramide.** *Hofmeister.*
Ghys, J. Op. 24. **Air varié.** *Hofmeister.*
Kummer, F. A. Op. 80. **Caprice sur 4 mélodies écossais.** *Hofmeister.*
— Op. 157. **Capriccio** über ungarische Nationalmelodien. *Hofmeister.*
Kletzer, F. Op. 14. **Fantasie sur deux airs russes.** *Kahnt.*
Liliencron, Fr. 4 Stücke aus den Sonaten von Bach als Suite zusammengestellt und mit Klavierbegleitung versehen. *Breitkopf & Härtel.*
Piatti, A. Fantasia romantica. *Schlesinger.*
Pepper, D. Op. 50. „Im Walde," Suite für Orchester mit obligatem Violoncell. *D. Rahter.*

Stufe V.

Davidoff, C. Op. 7. **Fantasie** über russische Lieder. *Kistner.*
Dotzauer, J. J. F. Op. 102. **Andante et Polacca.** *Hofmeister.*
Franchomme, A. Op. 3. **Variations sur une thème original.** *Hofmeister.*
Fitzenhagen, W. Op. 10. **Ballade.** Concertstück. *Raabe & Plothow.*
Grützmacher, Fr. Op. 3. **Fantasie.** *Peters.*
— Op. 12. **Fantasie.** *Peters.*
— Op. 18. **Diavolina-Concertpolka.** *Hofmeister.*
— Op. 31. **Variationen** über ein Originalthema. *Breitkopf & Härtel.*
— Op. 33. **Grosse Fantasie** über Themen aus der Oper Santa Chiara v. E. H. z. S. *Litolff.*
Klengel, Jul. Op. 19. **Variations capricieuses.** *Breitkopf & Härtel.*
— Op. 15. **Variationen** über ein eigenes Thema. *Breitkopf & Härtel.*
— Op. 1. **Suite.** *Breitkopf & Härtel.*
Kummer, F. A. Op. 26. **Grosse Fantasie.** Thème de Robert le Diable et un Thème original de Molique. *Hofmeister.*
— Op. 30. **Souvenir de la Suisse.** *Hofmeister.*
— Op. 36. **Pièce Fantastique.** *Hofmeister.*
— Op. 56. **Anticipations de la Russie.** Grande Fantasie sur des thèmes russes. *Hofmeister.*
Molique, B. Op. 20. **Grosses Concert-Duo.** *Schuberth & Co.*
Mozart, W. A. Op. 108. **Quintett,** als Duo übertragen von C. Schuberth. *Schuberth & Co.*
Nessler, V. E. Der Rattenfänger von Hameln. Ouverture, übertragen. von Schröder. *Schuberth & Co.*

Paganini, N. Op. 8. **Der Hexentanz**, übertr. von Bockmühl. *Litolff.*

— Op. 12. **Non più mesta**, Variationen über ein Thema von Rossini, übertr. von Bockmühl. *Litolff.*

Romberg, B. Op. 21. **Introduction und Rondo.** *Schuberth & Co.*

— Op. 28. **Capriccio sur deux airs suédois.** *Simrock.*

Schuberth, Ch. Op. 14. **Fantasie caprice.** *Schuberth & Co*

Servais, Fr. Op. 1. **Fantasie sur un thème favorit.** *Schott.*

— Op. 2. **Souvenir de Spaa.** Fantasie. *Schott.*

— Op. 4. **Fantasie et Variations** über den Sehnsuchtswalzer. *Schott.*

— Op. 6. **Gr. Fantasie.** Le Barbier de Séville. *Schott.*

— Op. 7. **Andante cantabile et Rondo à la Mazurka.** *Schott.*

— Op. 8. **Fantasie caractéristique.** *Schott.*

— Op. 9. **Carneval de Venise,** Fantasie burlesque. *Schott.*

— Op. 10. **Souvenir de la Suisse,** Caprice. *Schott.*

— Op. 12. **Gr. Fantasie sur l'opéra Lestoque.** *Schott.*

— Op. 13. **Fantasie sur deux airs russes.** *Schott.*

— Op. 14. **Morceau de Concert.** *Schott.*

— Op. 15. **Souvenir de St. Pétersbourg.** *Schott.*

— Op. 16. **La Fille du Regiment.** Fantasie. *Schott.*

— Op. 17. **O cara memoria de Carafa.** Fantasie. *Schott.*

— Op. 19. **Gr. Fantasie polonaise.** *Schott.*

— Op. 20. **Souvenir de Bade.** Grosse Fantasie. *Schott.*

— Op. 21. **Souvenir de Czernowitz.** Fantasie. *Schott.*

— **Oeuvres posthumes.**

Nr. 1. Grande Fantaisi sur deux mélodies d'Halévy. Nr. 3. Fantasie sur les Hugenots. Nr. 4. Fantasie et Variation sur l'Hymne national hollandais. *Schott.*

Tschaikowsky, P. Op. 33. **Variations sur un thème roccoco.** *D. Rahter.*

Vieuxtemps, H. Op. 9. **Hommage à Paganini,** übertragen von Bockmühl. *Schuberth & Co.*

— Op. 17. **Yanke doodle**, übertragen von Bockmühl. *Schuberth & Co.*

— Op. 18. **Norma,** übertr. von Bockmühl. *Schuberth & Co.*

— Op. 35. **Fantasie appassionata,** übertragen von Bockmühl. *Schuberth & Co.*

— Op. 38. **Ballade und Polonaise,** übertragen von Bockmühl. *Schuberth & Co.*

8. Concerte mit Begleitung des Pianoforte oder des Orchesters.

Stufe III.

Goltermann, G. Op. 65. **Viertes Concert.** *André.*
-- Op. 76. **Fünftes Concert.** *André.*
Keltz. Op. 138. **Leichtes Concert** ohne Daumenaufsatz. *Berlin. Barth.*
Klengel, Jul. Op. 7. **Concertino.** *Breitkopf & Härtel.*
— Op. 10. **Concertstück.** *Breitkopf & Härtel.*
Schröder, Carl. Op. 55. **Leichtes Concert** ohne Daumenaufsatz. *Hofmeister.*

Stufe III—IV.

Hetzel, M. Op. 10. **Concert E-moll.** *Breitkopf & Härtel.*
Popper, D. Op. 59. **Concert.** (Nr. 3. G-dur). *D. Rahter*
Romberg, B. Op. 2. **Concertino.** *André.*
Schröder, C. Op. 38. **Erstes Concertstück.** *Kistner*
— Op. 51. **Zweites Concertstück.** *Kistner.*
— Op. 56. **Drittes Concertstück.** *Kistner.*
Hiervon spiele man zuerst Nr. 3, dann 1 u. 2.

Stufe IV.

Arnold. Op. 1. **Erstes Concert.** *André.*
— Op. 2. **Zweites Concert.** *André.*
— Op. 3. **Drittes Concert.** *Forberg.*
Diese Concerte seien als nöthige Vorstudien zu Romberg's Werken der Beachtung empfohlen.
Goltermann, G. Op. 14. **Erstes Concert, A-moll.** *Breitkopf & Härtel.*
— Op. 30. **Zweites Concert, D-moll.** *André.*
— Op. 51. **Drittes Concert, H-moll.** *André.*
Händel, G. F. **Oboe-Concert,** übertr. von C. Schuberth. *Schuberth & Co.*
Romberg, B. Op. 57. **Concertino.** *Schott.*
Svendsen. Op. 7. **Concert.** *Fritzsch.*

Stufe V.

Battanchon, F. Op. 12. **Solo de Concert.** *Hofmeister.*
— Op. 20. **Erstes Concert.** *Hofmeister.*
Beethoven, L. Op. 61. **Violin-Concert,** übertr. von Bockmühl. *Schuberth & Co.*

Cossmann, B. Concertstück. *Breitkopf & Härtel.*
Davidoff, C. Op. 5. Erstes Concert (H-moll). *Kistner.*
— Op. 14. Zweites Concert (A). *Kistner.*
— Op. 18. Drittes Concert (D). *Kistner.*
— Op. 31 Viertes Concert (E-moll). *Kistner*
Dietrich, A. Op. 32. Concert. *Hamburg, Pohle.*
Eckert, C. Concert. *Bote & Bock.*
Fitzenhagen, W. Op. 2. Erstes Concert. *Breitkopf & Hurtel.*
— Op. 4. Zweites Concert fantastique. *Breitkopf & Härtel.*
Franchomme, A. Op. 33. Concert. *Hofmeister.*
Grützmacher, Fr. Op. 10. Concert (A). *Hofmeister.*
— Op. 42. Concert (G). *Breitkopf & Härtel.*
— Op. 46. Concert (E-moll). *Kahnt.*
Grützmacher, L. Op. 6. Erstes Concert (D-moll). *Hofmeister*
— Op. 9. Zweites Concert (A-moll). *Hofmeister.*
Hartmann, E. Op. 26. Concert. *Kistner.*
Haydn, J. Op. 101. Concert. *André.*
Hofmann, H. Op. 31. Concert. *Erler.*
Klengel, Jul. Op. 20. Zweites Concert (D-moll). *Breitkopf & Härtel.*
— Op. 4. Concert (A-moll). *Breitkopf & Härtel.*
Kressner. Concert dramatique. *Schuberth & Co.*
Lalo, E. Concert. *Bote & Bock.*
Lange, S. de. Concert. *Kahnt.*
Lindner, A. Op. 34. Concert. *Siegel.*
Lübeck, L. Op. 4. Concert-Allegro. *Forberg.*
Molique, B. Op. 45. Concert. *Kistner.*
Popper, D. Op. 8. Concert (D-moll). *André.*
— Op. 24. Concert (E-moll). *Hofmeister.*
Raff, J. Op. 193. Concert (D-moll). *Siegel.*
Reinecke, C. Op. 82. Concert (D-moll) *Schott.*
Rietz, Jul. Op. 16. Concert. *Kistner.*
Romberg, B. Concerte. Zum Gebrauch am königl. Conservatorium der Musik zu Leipzig bezeichnet von Schröder. *Litolff*
Op. 2. Concert Nr. 1 (B). Op. 3. Concert Nr. 2 (D). Op. 7.
Concert Nr. 4 (E-moll). Op. 30. Concert Nr. 5 (Fis-moll). Op. 31
Concert Nr. 6 (F). Op. 48. Concert Nr. 8 (A). Op. 56. Concert
Nr. 9 (H-moll). Op. 75. Concert Nr. 10 (E).
Als Vortragsstücke sind diese Concerte zwar veraltet,
jedoch bieten dieselben eine solche Mannigfaltigkeit in der
Technik, dass das Studium derselben für jeden Violoncelli-
spieler unbedingt nothwendig ist.
Rubinstein, A. Op. 65. Erstes Concert (A-moll). *Senff*
— Op. 96. Zweites Concert (D-moll), *Senff.*
Saint-Saëns. Concert (A-moll) *Paris, Durand & Schönewerk.*

Schröder, C. Op. 32. **Erstes grosses Concert** (D-moll). *Schuberth & Co.*
— Op. 36. **Zweites grosses Concert (A-moll).** *Schuberth & Co.*
Schuberth, Ch. Op. 5. **Gr. Concerto.** *Schuberth & Co.*
— Op. 36. **Concerto dramatique.** *Schuberth & Co.*
Schumann, R. Op. 129. **Concert (A-moll).** *Breitkopf & Härtel.*
Servais, Fr. Op. 18. **Concerto militaire.** *Schott.*
— **Concerto (H-moll).** *Schott.*
Swert, J. de. Op. 38. **Concerto.** *Spina.*
Vieuxtemps, H. Op. 19. **Zweites grosses Concert in Fis-moll,**
übertr. v. Bockmühl. *Schuberth & Co.*
— Op. 46. **Concerto.** *Schott.*
Volkmann, R. Op. 33. **Concerto.** Pesth, *Heckenast.*
Witte, G. H. Op. 12. **Concert.** *Präger & Meier.*

9. Duette für zwei Violoncells.

Stufe I—II.

Battanchon, F. Op. 18. **6 Duettinos faciles et progressifs.** *Hof-meister.*
Dotzauer, J. J. F. Op. 123. **100 Leçons.** Suite de la Méthode. *Schott.*
— Op. 15. **3 Duos faciles.** *Schott.*
— Op. 52. **12 Pièces faciles.** *Breitkopf & Härtel.*
— Op. 103. **Trois Sonates.** Nr. 1. *Hofmeister.*
— Op. 144. **Leichte Duos.** *Breitkopf & Härtel.*
Gross. Op. 5. **2 leichte Duetten.** *Breitkopf & Härtel.*
Kummer, F. A. Op. 105. **Zwölf leichte melodiöse Duetten.** *Andre.*
Lee, S. Op. 101. **50 sehr lechte Stücke.** *Cranz.*
Hierher gehören auch die in den Schulen sich befindlichen
Uebungsstücke mit Begleitung eines zweiten Violoncells.
— Op. 36. **Trois Duos.** *Breitkopf & Härtel.*

Stufe II.

Battanchon, F. Op. 6. **12 Pièces facile.** *Hofmeister.*
Becker, D. H. Op. 10. **3 Duetten** ohne Daumenaufsatz. *Hofmeister.*
Breval. Op. 40. **6 Sonates faciles,** bezeichnet v. Schröder. *Andre.*
Dotzauer, J. J. F. Op. 9. **6 Duos faciles.** *Hofmeister.*
— Op. 103. **Trois Sonates faciles.** Nr. 2 u. 3. *Hofmeister.*
— **Zwölf Duettinos.** 4 Hefte. *Schuberth & Co.*
Kummer. F. A. Op. 126. **6 Duetten** in stufenweis geordneter Reihen-
folge. Heft 1. *Hofmeister.*
Op 156. **6 Duos.** *Hofmeister.*

Kummer, F. A. Op. 170. Mazurka für Dilettanten. *Hofmeister.*
Lee, S. Op. 37. Trois Duos. *Breitkopf & Härtel.*
Lindner, A. Op. 32. Unterhaltungen für junge Violoncellisten. *André.*
Müller, J. V. Op. 77. 6 kleine Tonstücke. *Hofmeister.*
Schröder, C. Op. 52. 20 beliebte Stücke aus Mozart'schen Opern. *Rieter-Biedermann.*
— Op. 54. Freuden des jungen Violoncellisten. Beliebte Stücke zur Uebung im Hinaufgehen der Hand. ohne Daumenaufsatz. *Schuberth & Co.*

Stufe II—III.

Battanchon, F. Op. 15. Trois Duos. *Hofmeister.*
Dotzauer, J. J. F. Op. 161. 8 Duos religieux. *Hofmeister.*
Lee, S. Op. 60. Six Duos. 1. Heft. *Hofmeister.*

Stufe III.

Dotzauer, J. J. F. Op. 11. Neuf Variations. *Hofmeister.*
Franchomme, A. Op. 15. 3 Nocturnes. *Hofmeister.*
Kummer, F. A. Op. 126. 6 Duos, Heft 2. *Hofmeister.*
— Op. 165. 3 Duos zur Uebung im Lesen des Tenorschlüssels. *Hofmeister.*
Lee, S. Op. 38 u. 39. 6 Duos. *Breitkopf & Härtel.*
— Op. 60. Six Duos. 2. Heft. *Hofmeister.*
Stiastny. Op. 11. Duette zur Uebung des Daumenaufsatzes. *Schuberth & Co.*
Viotti. Op. 29. 3 Duos. *Litolff.*
— Op. 30. 3 Duos. *André.*

Stufe IV—V.

Böhm. Op. 10. Duo concert. *Peters.*
Breuer, B. Op. 10. 6 Duos concert. Cöln. *Eck & Co.*
Dotzauer, J. J. F. Op. 10. 3 Duos concert. *Peters.*
Klengel, Jul. Op. 22. Suite. *Hofmeister.*
Popper, D. Op. 16. Suite. *Breitkopf & Härtel.*
— Tempo di Marcia, als letzter Teil zur Suite Op. 16. *Hofmeister.*
Romberg, B. Op. 9. 3 Duos. *Breitkopf & Härtel.*
— Op. 33. 3 Duos. *Peters.*

10. Duos für zwei Violoncells mit Begleitung des Pianoforte.

Dotzauer, J. J. F. Op.32. Aria russiana oon XX Variazioni. *Hof meister.*
— Op. 165. **Duo.** Stuttgart, *Allgemeine Musikhandlung.*
Grell, E. Duettino concert. Magdeburg, *Sulzer.*
Auch mit Begleitung des Streichorchesters.
Romberg, B. Op. 72. Concertino. *Breitkopf & Härtel.*
Schuberth, Ch. Op. 6. Nocturne. *Schuberth & Co.*
Servais, F. Oeuvre posthume. Duo sur une mélodie de Dalagrac. *Schott.*

11. Stücke für drei Violoncells.

Battanchon, F. Op. 38. Sonate. *Hofmeister.*
— Op. 40. Trio. *Hofmeister.*
Beethoven, L. v. Op. 87. Trios. arr. v. Prell. *Pohle.*
Dotzauer, J. J. F. Op. 104. 6 Pièces. *Peters.*
Limmer, F. Op. 12. Trio. *Mechetti.*

12. Stücke für drei Violoncells und Pianoforte.

Batta, A. Guillaume Tell. Morceau de Concert.
Grell, E. Terzetto. Magdeburg, *Sulzer.*
Auch mit Streichorchester.

13. Stücke für vier Violoncells.

Fitzenhagen, W. Op. 7. Wiegenlied. *Kahnt.*
— Op. 31. Concert-Walzer. *D. Rahter.*
Franco-Mendes. Op. 48. Adagio. *Hofmeister.*
Goltermann, G. Op. 53. Religioso e Notturno. *Schott.*
Grell, E. Larghetto. Magdeburg, *Sulzer.*
Grützmacher, Fr. Feierliches Stück nach dem Zuge zum Mün-
ster aus Lohengrin. *Breitkopf & Härtel.*

Klengel, Jul. Op 5. Zwei Stücke *Breitkopf & Härtel*
Lachner, Fr. Op. 29. Serenade. *Mechetti.*
Limmer, F. Op. 11. Quatuor. *Mechetti.*
Marx-Markus, C. Op.24. Deux Morceaux. 1. Notturno religioso.
2. Adagio et Fuguette. D. *Rahter.*
— Op. 32. Deux Morceaux. 1. Nocturne pastorale. 2. Impromptu.
D. *Rahter.*
Maurer, L. Op. 90. Nocturne. *Hofmeister.*
Pape, L. 6 Serenaden. Bremen. *Cranz.*
Paque, G. Souvenir de Curis. Mélodie. *Schott.*
Stainlein. Op. 12. Serenade. *Schott.*

14. Duette für Violoncell und Violine.

Stufe I—II.

Forberg. Op. 13. Leichte instr. Fantasien über beliebte Opern-
themas. *André.*
Kreutzer. R Six Sonates. *André*
Lee. S. Op. 124. 3 leichte Duos. *Schott.*

Stufe II.

Dancla, Ch. Op. 117. Trois Duos faciles. *Schott.*
Dotzauer, J. J. F. Op. 4. 3 Duos faciles. *Simrock.*
Jansa, L. Op. 72 Six Duos. *Peters.*
Lee. S. Op. 125. 3 Duos. *Schott.*
Wichtl, G Op. 19. Sechs leichte und fortschreitende Duette.
André.

Stufe III.

Bohrer. Op. 41. Six grands Duos. *Schott.*
Duo concertant sur des airs Montagnards Suisses. *Kistner.*
Ganz. Maurice et Leopold. Fantasie sur des thèmes de l'opera
Freischütz. *Schott.*
Op. 7. Duo concertant sur des motifs de **Preciosa.** *Schott.*

Stufe IV.

Battanchon, F. Op. 43. Spanische Serenade *Hofmeister.*
Hermann, Fr. Op. 12. Grand Duo brillant. *Kistner.*
Mendes, Jacq. et Joseph. Op. 29. Fantaisie et **Variations sur**
des motifs de Zampa. *Schott.*
Romberg. B. Op 72. Concertino. *Breitkopf & Härtel.*
Trois thèmes de Mozart. variés. *André.*

Stufe V.

Brahms, Joh. Op. 102. Concert. *Simrock.*
Léonard et Servais. Grand Duo de Concert sur deux airs natio-
naux anglais. *Schott.*
— 2me grand Duo de Concert sur des thèmes de Beethoven. *Schott.*
— 3. Grand Duo de Concert. *Schott.*
—- 4. Grand Duo de Concert sur des motifs de l'opéra L'Africaine.
Schott.
Vieuxtemps et Servais. Grand Duo de Concert sur des motifs
de l'opéra les Huguenots. *Schott.*
Schuberth et Kummer. 2 Duos concert. Thèmes de Zampa
et Tell. *Breitkopf & Härtel.*

15. Sonaten und Duos für Violoncell und Pianoforte.

Stufe II.

Becker. Op. 14. Zwei Sonaten. *Hofmeister.*
Goltermann, G. Op. 61 Sonatine. *Schott.*
Gurlitt. Op. 61. Drei Sonaten. *Cranz.*
Hofmann, Rich. Op. 59. 2 Sonatinen. Nr. 1 D-dur. Nr. 2 Es-
dur. *Forberg.*
Kayser. Op. 58. 4 Kinder-Sonatinen. *O. Forberg.*
Romberg, B. 6 Sonaten nach Op. 43 und 38. *Pohle.*

Stufe III—IV.

Asioli, B. Sonate. *Senff.*
Busoni, F. B. Op. 23. Kleine Suite. *Kahnt.*
Corelli, A. Sonate. *Cranz.*
Fuchs, E. Op. 42. Sonate. *Schlesinger.*
Fuchs, Rob. Op. 29. Sonate. *Kistner.*
Gurlitt, C. Op. 3. Sonate. *Schuberth & Co.*
Huber, H. Op. 33. Sonate. *Schott.*
Kücken, Fr. Acht Sonaten: Op. 12. Nr. 1: Sonate in F-dur.
Op. 12, Nr. 2: Sonate in D-dur. Op. 13, Nr. 1: Sonate in
A-moll. Op. 13, Nr. 2: Sonate in C-dur. Op. 16, Nr. 1:
Sonate in G-dur. Op. 16, Nr. 2: Sonate in Es-dur. Op. 90.
Nr. 1: Sonate in G-dur. Op. 90, Nr. 2: Sonate in C-moll.
Schuberth & Co.
Marcello, B. Zwei Sonaten. *Simrock.*
Spohr, L. Op. 113, 114, 115, 118. Vier Sonaten. *Schuberth & Co.*
Tartini-Schröder. Sonate *Schuberth.*
Vollweiler, Ch. Op. 52. Sonate. *Schlesinger.*
Zipoli-Schröder. Suite. *Schuberth.*

Stufe IV und V.

Bach, J. S. Sonaten mit Pianofortebegleitung von Dr. Stade. *Peters.*

Beethoven, L. v. Sämmtliche Sonaten und Variationen. *André.*

Bernsdorf, Ed. Op. 18. **Sonate.** *Peters.*

Boccherini. Sonaten, bearb. von Grützmacher. *Senff.*

Brahms, J. Op. 38. **Sonate E-moll.** *Simrock.*

— Op. 99. **Sonate.** *Simrock.*

Chopin, Fr. Op. 3. **Introduction und Polonaise.** *Kistner.*

— Op. 65. **Sonate (G-moll).** *Kistner.*

Chopin und Franchomme. Op. 15. **Grosses Duo.** *Kistner.*

Dietrich, A. Op. 15. **Sonate.** *Cranz.*

Duport. Sonate mit Pianoforte von Schröder. *Kistner.*

Gernsheim, Fr. Op. 12. **Sonate.** *Schott.*

Grieg, Edv. Op. 36. **Sonate.** *Peters.*

Hess, C. Op. 6. **Sonate.** *Siegel.*

Hiller, F. von. Op. 172. **Sonate.** *Cranz.*

Kiel, Fr. Op. 52. **Sonate (A-moll).** *Simrock.*

Klengel, Jul. Op. 23. **Sonate.** *Breitkopf & Härtel.*

Loeillet. Grande Sonate, arr. v. de Swert. *Schott.*

Marschner, H. Op. 193. **Grand Duo.** *Hofmeister.*

Martucci, G. Sonate. *Kistner.*

Mendelssohn. Sonate D-dur. *Schuberth & Co.*

— **Sonate B-dur.** *Schuberth & Co.*

— **Concertvariationen.** *Schuberth & Co.*

Nápravnik, Ed. Op. 29. **Suite.** *Kistner.*

— Op. 36. II. **Suite.** *D. Rahter.*

Nicolai, W. F. G. Op. 4. **Sonate.** *Breitkopf & Härtel.*

Osborne et Franchomme. Duo concert. *Hofmeister*

Piatti, Alfredo. 2 Sonate di Benedetto Marcello, per il Violoncello con accomp. di Piano. No. 1. G-moll. No. 2. F-dur. *Simrock.*

Raff, J. Op. 183. **Sonate.** *Siegel.*

— **5 Sonaten** nach den Violinsonaten, arrang. von Schröder. *Schuberth & Co.*

Op. 73. Erste grosse Sonate E-moll. — Op. 78. Zweite grosse Sonate A-dur. — Op. 128. Dritte grosse Sonate D-dur. — Op. 129. Vierte grosse Sonate G-moll. — Op. 145. Fünfte grosse Sonate C-moll.

Diese grossartigen, äusserst geistvoll componirten Werke werden auch in dem Arrangement für Violoncell ihre Wirkung nicht verfehlen und seien daher allen Spielern empfohlen.

— Op. 59. **Duo.** *Schuberth & Co.*

Reinecke, C. Op. 89. Sonate. *Breitkopf & Härtel.*
Rheinberger, J. Op. 77. Sonate für Violoncell, übertr. von
Schröder. *Forberg.*
Richter, E. Fr. Op. 15. Sonate. *Ries.*
Rosenhain, J. Op. 98. Sonate. *Breitkopf & Härtel.*
Rubinstein, A. Op. 18. Erste Sonate. *Breitkopf & Härtel.*
-- Op. 39. Zweite Sonate. *Breitkopf & Härtel.*
Saint-Saëns, Camillo. Op. 16. Suite. *Leuckart.*
   1. Präludium. 2. Serenade. 3. Scherzo. 4. Romanze.
   5. Finale.
-- Op. 16. Suite. *Ries.*
-- Op. 32. Sonate. *Paris.*
Schuberth, Ch. Op. 43. Sonate. *Schuberth & Co.*
Thieriot, F. Op. 15. Sonate. *Fritzsch.*
Tricklir, J. Trois Sonates, arr. von de Swert. *Schott.*
Vieuxtemps, H. Op. 36. Grosse Sonate, übertr. v. Bockmühl.
Schuberth & Co.

16. Stücke für Vioioncell und Harmonium oder Orgel.

Bach, J. S. Air. *Schuberth & Co.*
-- Sarabanda. *Peters.*
Bockmühl. Op. 65. Stunden der Andacht. *Hofmeister.*
Bronsart, H. v. Op. 3. Fantasiestück. *Salzer.*
Fischer, C. A. Op. 19. Fantasie. Recitativ und Arie. *Kahnt.*
-- Op. 21. Fantasie. *Kahnt.*
Fitzenhagen, W. Op. 8. Resignation. Geistliches Lied. *Breit-
kopf & Härtel.*
-- Op. 15. Consolation. Geistliches Lied. *Raabe & Plothow.*
Goltermann, H. Op. 53. 4 Moroeaux caractéristiques. *Schott.*
Gounod. Méditation sur le premier Prélude de Bach. *Schott.*
Grimm, C. Gebet der Elisabeth, aus dem Tannhäuser.
Händel Sarabande. *Peters.*
Hecht, G. Op. 7. 3 Lieder ohne Worte. *Stoll.*
Hüllweck, C. Op. 7. Arioso. *Breitkopf & Härtel.*
Kiel, A. Op. 23. Larghetto. *Nagel.*
Kretschmer, E. Op. 26. Abendruhe. *Ries.*
Müller, J. V. Op. 8. Marcia religiosa. *Schott.*
Orlando, G. Heilige Nacht, Meditation. *Erler.*
Rode, P. Notturno. *Simon.*
Rheinberger, Jos. Op. 150. 3 Stücke. 1. Abendlied. 2. Pastorale.
   3. Elegie. *Forberg.*

Schaab, R. Classische Stücke von Händel. Bach, Gluck. Haydn
Mozart. Beethoven etc. *Forberg.*
Schröder, C. Fünf classische Stücke. *Breitkopf & Härtel*
— Fünf Transcriptionen. *Kistner.*
Schumann. R. Abendlied. *Schuberth & Co.*
Thieriot, Ferd. Op. 41. 2 Adagios. *Hofmeister.*
Wagner. R. Walthers Lied aus: Die Meistersinger von Nürnberg. eingerichtet von Goltermann. *Schott.*

17. Stücke für Violoncell, Harmonium und Pianoforte.

Albeiti. Op. 55. Trios des Amateurs. *Cranz.*
Baillot. Op. 21. Berühmtes Solostück. *André.*
Beethoven, L. v. Op. 20. Adagio du Septuor. Zürich *Hug.*
Ernst, Herzog zu Sachsen. Fautasie. *Haslinger.*
Goltermann, G. Op. 72. 15 kleine und leichte Stücke. *André.*
Gounod, Ch. Nazareth, Chant évangélique. *Schott.*
Grimm, C. Scene aus Orpheus von Gluck. *Cranz.*
Klein, M. Andante de Salon. *Schott.*
Kölling, C. 0 Maria! Romanze. *Leichsenring.*
Reinhardt. A. Op. 14. Concertirende Trios aus den Werken classischer und moderner Meister. *Simon.*
— Op. 19. Der Hausfreund. Fortsetzung von Op. 14. *Simon*
— Op. 17. Scenen aus Wagner's Lohengrin. *Breitkopf & Härtel.*
Schubert, Fr. Melodien, arr. von Lux. *Schott.*
Sidorowitsch, C. de. Les Echos de Parré *Simon.*

18. Lieder für eine Singstimme mit Begleitung des Pianoforte und Violoncell.

André. J. B. Op. 46. Mondschein. *André.*
Bach, J. S. Mein gläubig Herz frohlocke. *André.*
Bellmann. R. Lenzlied. *Bellmann.*
Engel, D. M. Op. 84. Zwei Lieder. Bremen. *Fischer.*
Franz, R. Ave Maria. *Schloss.*
Goltermann, G. Op. 40. Die Thräne des Herzens. *Schott.*
— Op. 50. Inmitten von Blüthen. *Schott.*
— Op. 5. Mailied. *André.*
— Op. 70. Rheinfahrt. *André.*
— Op. 74. Perle des Jahres. *André.*
— Op. 75. Frühlingswonne. *Schott.*
— Op. 80. Liebesbotschaft. *Schott.*
— Op. 86. Frühlingsanfang. *André.*

Grützmacher, Fr. Op. 50. Drei Lieder. *Kahnt.*
Hölzel, G. Op 209. Als ich dich kaum gesehen. *André.*
Krebs, C. Op. 51. An Adelheid. *Schuberth & Co.*
— Op. 56. Die Heimath. *Schuberth & Co.*
— Op. 83. Seemanns Liebchen. *Schuberth & Co.*
— Op. 90. Süsse Bell. *Schuberth & Co.*
Marx-Markus C. Op 8 Könnt ich dich in Liedern preisen
 Forberg
Rosenhain, J. Op. 66. Sechs Lieder. *Schott.*
Schumann. Op. 85. Abendlied. *Schuberth & Co.*
Sulzbach, E. Op. 7. Auf eines Berges Gipfel. *André.*
Swert, J. de. Op. 24 An die Geliebte. *Schott.*

Alphabetisches Namenverzeichniss.